BEI GRIN MACHT SICH IHR WISSEN BEZAHLT

AF140382

- Wir veröffentlichen Ihre Hausarbeit,
  Bachelor- und Masterarbeit

- Ihr eigenes eBook und Buch -
  weltweit in allen wichtigen Shops

- Verdienen Sie an jedem Verkauf

Jetzt bei www.GRIN.com hochladen und kostenlos publizieren

Bibliografische Information der Deutschen Nationalbibliothek:

Die Deutsche Bibliothek verzeichnet diese Publikation in der Deutschen National-bibliografie; detaillierte bibliografische Daten sind im Internet über http://dnb.d-nb.de/ abrufbar.

Impressum:

Copyright © 2015 GRIN Verlag, Open Publishing GmbH
Druck und Bindung: Books on Demand GmbH, Norderstedt Germany
ISBN: 978-3-668-03035-0

Dieses Buch bei GRIN:

http://www.grin.com/de/e-book/304506/kundenkommunikation-im-internet-inter-aktion-mittels-e-mails-sozialer

Jens-Uwe Hammann

Kundenkommunikation im Internet. Interaktion mittels E-Mails, sozialer Netzwerke und Videoplattformen

GRIN Verlag

GRIN - Your knowledge has value

Der GRIN Verlag publiziert seit 1998 wissenschaftliche Arbeiten von Studenten, Hochschullehrern und anderen Akademikern als eBook und gedrucktes Buch. Die Verlagswebsite www.grin.com ist die ideale Plattform zur Veröffentlichung von Hausarbeiten, Abschlussarbeiten, wissenschaftlichen Aufsätzen, Dissertationen und Fachbüchern.

Besuchen Sie uns im Internet:

http://www.grin.com/

http://www.facebook.com/grincom

http://www.twitter.com/grin_com

Jens-Uwe Hammann

Assignment SWE02

Softwareentwicklung

im Studiengang Wirtschaftsinformatik (Bachelor of Science)

Thema:

Interaktionsmöglichkeiten im Internet

Neubulach, den 12.08.2015

Inhaltsverzeichnis

1. Einleitung

Der Begriff der Interaktion wird je nach thematischem Gebiet unterschiedlich gebraucht. So beschreibt er in der Soziologie das aufeinander bezogene Handeln mehrerer Personen, während er in der Informatik hauptsächlich im Kontext der Mensch-Computer-Interaktion (MCI) verwendet wird. Diese beschreibt im Wesentlichen die Gestaltung und Ausführung der Benutzerschnittstellen zwischen Anwender und System. Dabei werden gerade im Bereich der Kommunikation und Informationsbeschaffung Internettechnologien und deren Dienste wie z.B. E-Mail oder diverse soziale Netzwerke verwendet. Diverse Publikationen wenden die Begriffe Interaktion und Kommunikation oftmals quasi synonym an, da sich beide mit der Vermittlung von Informationen und Daten befassen.

Da sich heutzutage die Kommunikation und Informationsbeschaffung zum größten Teil über das Internet abspielt, müssen dort auch die entsprechenden Plattformen, Programme und Dienstleistungen zur Interaktion bereitgestellt werden. Unternehmen welche ihre Kernkompetenzen genau in diesen Bereichen sehen, tun gut daran entsprechend leistungsfähige und benutzerfreundliche Benutzeroberflächen bereitzustellen bzw. bereits vorhandene Plattformen entsprechend zu nutzen. Diese können dann direkt vom Benutzer verwendet werden.[1] Gerade weil die Oberfläche oftmals der einzige Kontaktpunkt eines Benutzers/Kunden mit der Software bzw. dem Unternehmen darstellt, bedarf es besonderer Anforderungen an die Gestaltung dieser Schnittstelle. Sie muss sowohl rechtzeitig in der Softwareherstellung berücksichtigt und formuliert, als auch später im Betrieb ausführlich getestet werden.[2] Zusätzlich müssen diverse ergonomische Punkte wie z.B. Lesbarkeit oder Farbgestaltung berücksichtigt werden, damit der Nutzer ein entsprechend gutes Gefühl bei der Bedienung erhält. Aufgrund der Fülle von Möglichkeiten und Anbietern innerhalb des Internets, sind Fehler in diesem Bereich selten wieder gut zu machen. Potenzielle Kunden erhalten hierdurch möglicherweise einen Eindruck von Unsicherheit und Unzuverlässigkeit.

---

[1] Vgl. Hansen/Neumann, Wirtschaftsinformatik 1, S. 37
[2] Vgl. Hansen/Neumann, Wirtschaftsinformatik 1, S. 356

1.1 Aufgabenstellung und Zielsetzung

Dieses Assignment soll verschiedene Interaktionsmöglichkeiten durch den Einsatz von Internettechnologie aufzeigen. Dabei werden diese kurz erläutert und hinsichtlich einzelner Kriterien wie Sicherheit, Flexibilität und Effektivität betrachtet. Aufgrund des begrenzten Rahmens eines Assignment, können diese Punkte nur angerissen und nicht erschöpfend dargestellt werden. Die ausgewählten Möglichkeiten sind nur ein Ausschnitt der tatsächlichen eingesetzten Varianten zur Interaktion.

2. Grundlagen

2.1 Mensch-Computer-Kommunikation (MCK)

Unter Kommunikation versteht man im Allgemeinen den Austausch von Informationen zwischen zwei oder mehreren Parteien. Wie aber kann ein Mensch mit bzw. mittels einer Maschine kommunizieren bzw. interagieren? Dies geschieht über entsprechende, von der Software bereitgestellte Schnittstellen der Ein- und Ausgabe. Die Basis einer erfolgreichen Mensch-Computer-Kommunikation (MCK) bzw. Mensch-Computer-Interaktion (MCI) wird bereits mit der entsprechenden Umsetzung und Formulierung im Pflichtenheft beim Erstellen der Software gelegt. Hier muss genau formuliert werden, über welche Art der Interaktion die später programmierte Software verfügen und welchen Anforderungen sie hier gerecht werden soll.

Dabei gilt es, die menschliche Informationsaufnahme und -verarbeitung bei der Gestaltung von Ein- und Ausgabe (E/A) zu berücksichtigen. Wichtige Punkte hierbei sind z.B. die visuelle Wahrnehmung und die damit verbundene Aufmerksamkeitssteuerung. So werden wichtige Felder hervorgehoben bzw. an die entsprechende Stelle auf dem Bildschirm platziert.[3]

2.2 Interaktion im WEB 2.0

Der Begriff des WEB 2.0 ist bisher aufgrund seiner verschiedenen Ausprägungen nicht eindeutig und abschließend definiert. Im Grunde geht es um die vermehrte Interaktion und Integration der Nutzer im Web. Es werden nichtmehr nur Informationen abgerufen und konsumiert, sondern der Nutzer selbst generiert

---

[3] Vgl. Balzert, Lehrbuch der Softwaretechnik, S. 544 ff

Informationen und stellt sie für andere zur Verfügung.[4] Nur so entsteht die wechselseitige Interaktion zwischen den verschiedenen Nutzern im und über das Web über die damit verbundenen Plattformen wie z.b. Wikipedia, Facebook oder Twitter. Während früher das Einrichten und die Nutzung eines grundsätzlichen Internetzugangs bereits eine Herausforderung für Nutzer und Provider darstellte, ist es heute mehr oder weniger überall möglich auf das Web und dessen Inhalte zuzugreifen. Informationsbeschaffung und -distribution sind heute wesentlich komfortabler und einfacher zu bewerkstelligen als noch vor 10 Jahren.

Ein zentraler Punkt des WEB 2.0 sind die sozialen Netzwerke in welchen Nutzer Informationen über sich selbst und andere austauschen. Gerade für Unternehmen bieten sich hier nahezu unendliche Möglichkeiten Produkte zu platzieren, Verhaltensweisen zu testen sowie Bewertungen und Feedbacks zu ihren Produkten zu erhalten. Dabei ist es wichtig, diese Punkte in ein entsprechendes Layout zu verpacken und dem User die beabsichtigte Informationspreisgabe so einfach wie möglich zu machen. Das kann z.B. direkt innerhalb eines sozialen Netzwerkes wie z.B. Facebook oder Google+ über Fragebögen oder Gewinnspiele während der Erstellung eines Nutzerprofils geschehen oder aber über eine Anmeldung zu einem Newsletter bzw. die Teilnahme an Bewertungsportalen wie z.B. HolidayCheck oder geprueft.de.

2.3 Sicherheit, Flexibilität und Effektivität

Gerade bei der Nutzung von Internettechnologien spielt der Faktor Sicherheit eine besondere Rolle. Dabei geht es nicht immer nur um den Datenschutz, d.h. um die Verhinderung, dass Dritte meine Daten unerlaubt verarbeiten und weitergeben[5], sondern auch um dem Schutz des Nutzers vor fehlerhaften Interaktionen die evtl. zu falschen Angaben, Eindrücken und dementsprechenden Konsequenzen führen können. Die Schnittstelle muss diese Punkte berücksichtigen und dem Nutzer die maximale Sicherheit der Daten und den vertrauensvollen Umgang mit diesen vermitteln und auch umsetzen.

Eine Schnittstelle zur Interaktion zwischen Mensch und Computer muss aufgrund der heutigen Verbreitung mobiler Endgeräte ein hohes Maß an Flexibilität

---

[4] Vgl. Meffert et. al., Marketing, S. 644 ff
[5] Vgl. Laudon et.al., Wirtschaftsinformatik, S. 164

aufweisen. Während es früher genügte, dass die Software bzw. der Dienst innerhalb *eines* Browsers zuverlässig funktionierte, müssen heute eine Vielzahl unterschiedlicher Browser (Internet Explorer, Chrome, Firefox, Safari, usw.) auf unterschiedlichen Endgeräten (PC, Smartphone, Tablet) und unterschiedlichen Betriebssysteme (Windows, Linux, Android oder iOS) bedient werden. Dabei sollte die Funktionalität und Bedienbarkeit überall gleich komfortabel sein. Ob die Software hierbei über einen im Browser implementierten Dienst, ein eigenes Programm (lokal oder im Web) oder über eine Applikation auf einem mobilen Endgerät realisiert wird, interessiert den Nutzer nicht. Steht die Software für mich als Nutzer nicht zur Verfügung, z.B. weil ich die Software über eine Applikation meines Android-Handys nutzen möchte, verwende ich eben ein Konkurrenzprodukt bzw. einen anderen Dienst.

Der dritte, aber nicht minder wichtige Punkt bei der Verwendung und vorhergehenden Erstellung eines Layouts der Schnittstelle, sollte die Effektivität der selbigen sein. Was bringt mir eine Software, wenn das eigentliche Ziel nicht erreicht werden kann bzw. der gewünschte Nutzen für Anbieter *und* Nutzer nicht entsteht? Die Effizienz bei der Gestaltung einer Schnittstelle soll hier nicht weiter vertieft werden. Auch der Begriff der Usability, sprich dem eigentlichen Handling, dem „Look and Feel" der Schnittstelle, ist hier aufgrund der wichtigen Bedeutung zu nennen, würde aber bei einer ausführlichen Betrachtung den Rahmen sprengen.

3. Interaktionsmöglichkeiten mittels Internettechnologie

Im Folgenden werden Interaktionsmöglichkeiten bzw. Nutzerschnittstellen vorgestellt und anschließend hinsichtlich der Punkte Sicherheit, Flexibilität und Effektivität untersucht. Dabei können nicht alle Punkte und Blickwinkel ausführlich dargestellt werden, dies würde den Rahmen eines Assignments deutlich übersteigen.

3.1 E-Mail

Der Begriff E-Mail stammt aus der Ableitung der klassischen „gelben Post" und deren Aufgabe dieselbe zu verteilen. Dieser Dienst wurde elektronisch abgebildet und als elektronische Post bzw. electronic Mail (E-Mai) umgesetzt. Einzelne

„Briefe" (Mails) können nun direkt und papierlos zwischen mehreren Teilneh-mern, meist kostenlos, verschickt werden.[6]

Damit können Informationen einfach transferiert und eine schnelle Kommunika-tion über die ganze Welt realisiert werden. Laut Statista.de gibt es im Jahr 2015 ca. 4,3 Mrd. E-Mail Accounts weltweit und die Prognose geht von einer Steige-rung auf ca. 5,5 Mrd. bis 2019 aus.[7]

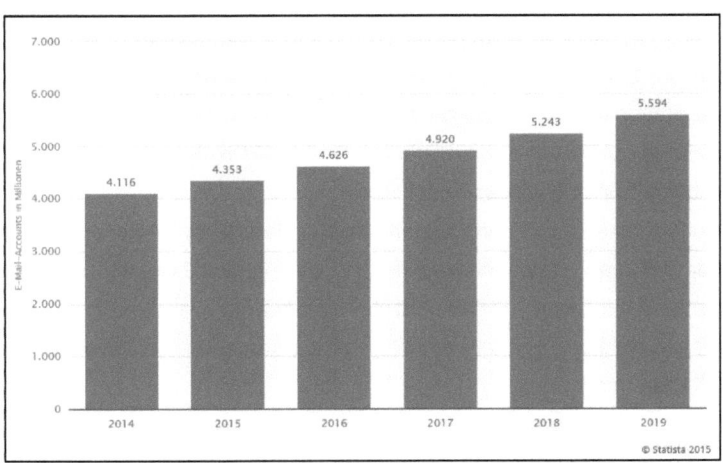

Abbildung 1 - Statistik E-Mail Accounts weltweit

Damit ist der Email Account einer der am stärksten genutzten Interaktionskanä-le überhaupt und immer noch der meistgenutzte Dienst im Internet. Dabei liegt der Vorteil für den Nutzer vor allem in der Einfachheit der Bedienung und darin, dass der Dienst meist kostenlos angeboten wird. Die Mailprovider bieten ihren Dienst im Internet mittels diverser Protokolle an (SMTP, IMAP, POP3), so kön-nen Nutzer quasi von überall auf bisherige Mails zugreifen und neue Mails er-zeugen. Der Unterschied gegenüber Chats oder Instant Messengern besteht insbesondere darin, dass die Interaktion mittels E-Mail in der Regel asynchron abläuft, d.h. dass Absender und Empfänger in der Regel nicht gleichzeitig onli-ne sind. Für die Bearbeitung und Erstellung neuer E-Mails gibt es diverse Mailclients wie z.B. das kostenpflichtige Microsoft Outlook oder die kostenlose Variante Mozilla Thunderbird. Es besteht aber auch die Möglichkeit, direkt das

---

[6] Hansen/Neumann, Wirtschaftsinformatik 1, S. 527
[7] Quelle: http://de.statista.com/statistik/daten/studie/247523/umfrage/e-mail-accounts-und-e-mail-nutzer-weltweit/

Web-Interface des Mailproviders zu nutzen. Der Aufbau unterscheidet sich in der Regel nur wenig. So gibt es meist einen Posteingang sowie einen Ordner für bereits gesendete und gelöschte Objekte.

3.1.1 Sicherheit

Die Sicherheit der in E-Mails enthaltenen Daten und Informationen ist nicht erst seit der NSA – Affäre ein Thema. Ohne ein entsprechendes Verschlüsselungs-programm wie z.b. PGP (Pretty Good Privacy) oder GPG (Gnu Privacy Guard) konnten E-Mails mitgelesen, manipuliert und gelöscht werden. Um eine sichere Kommunikation mittels E-Mails zu gewährleisten, werden diese automatisch vor dem Versand direkt von der Software verschlüsselt bzw. verschlüsselte Nachrichten beim Empfang wieder entschlüsselt.

Eine weitere, bereits von den meisten Mailprovidern direkt umgesetzte Möglichkeit der sicheren Datenübertragung, ist die Verschlüsselung mittels SSL (Secure Sockets Layer). Dabei wird die Verbindung bzw. der Transport zum eigentlichen Service-Provider verschlüsselt und über entsprechende Zertifikate authentifiziert.

3.1.2 Flexibilität

Für das Versenden einer E-Mail benötigt man lediglich einen entsprechenden E-Mail-Client bzw. einen Browser mit Internetzugang. Alle diese Punkte können von sämtlichen Plattformen (PC, Tablet oder Smartphone) bewerkstelligt werden. Entsprechende Programme gibt es für jede Oberfläche und Betriebssystem. Die Portierbarkeit ist hier also kein Problem. E-Mails können nahezu frei gestaltet werden. Dabei werden eventuelle zwingende Restriktionen wie z.B. das @ innerhalb der Mailadresse vom Provider direkt geprüft und mit einer eventuellen Hinweisnachricht quittiert. Oftmals ist die Dateigröße von Anhängen das ausschlaggebende Kriterium zur Wahl eines E-Mail Providers, so bietet Gmail von Google Platz für 25MB pro Mail. Wenn das noch nicht ausreicht, sollten die Anhänge vielleicht dann doch besser über einen freigegebenen Cloud-Speicher anstelle einer E-Mail verteilt werden.

3.1.3 Effektivität

Im Prinzip gilt es, bei der Überprüfung der Effektivität immer zunächst darum, vor der Bewertung ein entsprechendes Ziel zu formulieren. Nur so kann man später die Prüfung bzw. den Soll/Ist Vergleich durchführen und die Qualität bzw. die Effektivität und Effizienz einer Maßnahme entsprechend bewerten.

Für die simple Interaktion mit anderen Nutzern, sprich den normalen Mailversand, genügt es wenn die Mail ankommt. In der Regel funktioniert dies auch zuverlässig. Das Problem besteht eher darin, dass ohne eine entsprechende qualifizierte Signatur der E-Mail, diese aufgrund der relativ einfachen Manipulationsmöglichkeit nur sehr eingeschränkt z.B. als Beweisstück verwendet werden kann. Hinsichtlich der Beweiskraft sind E-Mails also nur bedingt effektiv, da Absender, Inhalt und Zeitpunkt des Versands durch den Einsatz von Editoren verändert werden können.

Möchte man E-Mails als Teil des Marketinginstruments - Werbung und Kommunikation - nutzen, muss man aufgrund der vielen Spammails damit rechnen, keine größeren Erfolge zu erzielen, da die Masse der E-Mails direkt gelöscht wird ohne dass sich ein Nutzer die Mails überhaupt durchliest. Ein Einsatz z.B. zur Neukundegewinnung ist hier also nicht zwingend effektiv, dafür aber mit relativ geringen Kosten als Maßnahme zu realisieren.

3.2 Soziale Netzwerke

Die Nutzung sozialer Netzwerke ist insbesondere für Marketingzwecke eine interessante Möglichkeit zur Meinungsforschung. So können z.B. durch entsprechende Zusatzfragen bei der Erstellung eines Profils dem Nutzer persönliche Daten entlockt werden, welche er sonst nur widerwillig preisgeben würde. Das können Bewertungen und Feedbacks zu Produkten aber auch Wünsche und Vorstellungen von technischen Entwicklungen, Reisen oder allgemeinen Interessen sein. Oftmals muss ein solcher „Fragen-Parcours" durchlaufen werden, um überhaupt am Netzwerk teilzunehmen bzw. das notwendige Profil zu erstellen.

Soziale Netzwerke bieten den Nutzern einen Treffpunkt um sich miteinander auszutauschen, dabei besteht der Unterschied zu einem klassischen E-Mail Dialog darin, dass dem Nutzer verschiedene zusätzliche Informationen über die anderen Teilnehmer zur Verfügung gestellt werden.[8] So sieht man z.B. Hobbys, vernetzte Freunde oder Interessen des Anderen und kann ggf. direkt über diese Plattform miteinander kommunizieren. Ist der andere Nutzer online, geschieht

---

[8] Vgl. Laudon et.al., Wirtschaftsinformatik, S. 614

dies in Echtzeit und funktioniert analog einem Chatroom. Ist dies nicht der Fall, erfolgt die Kommunikation asynchron, ähnlich der Interaktion via E-Mail.

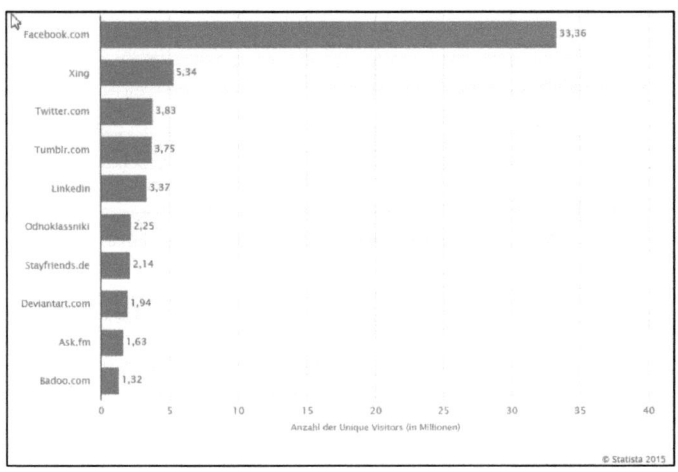

Abbildung 2 - Besucher soz. Netzwerke im Sept. 2013 in Deutschland[9]

3.2.1 Sicherheit

Insbesondere der Datenschutz muss in den sozialen Netzwerken ein großes Thema sein, da dort direkte Daten der Nutzer (Name, Vorname oder Geburtsdatum) aber auch indirekte Daten (Interessen Dritter, Kommunikationsprotokolle o.ä.) gespeichert werden. Nach anfänglichen Problemen haben die Anbieter diesem Punkt nun mehr Beachtung geschenkt und entsprechende Anpassungen an der Software vorgenommen. So können die Nutzer nun selbst festlegen, welche Daten im Netz für andere/alle sichtbar sind und welche nicht. Letztendlich liegt es allerdings am Nutzer selbst, welche Daten er überhaupt preisgibt bzw. dem Netzwerk zur Verfügung stellt. Entsprechende Guides helfen dem Nutzer bei der Reglementierung von Inhalten, allerdings ist dies oftmals sehr umständlich und zeitaufwendig, so dass viele Teilnehmer aus Bequemlichkeit darauf verzichten.

---

[9] Quelle: http://de.statista.com/statistik/daten/studie/170467/umfrage/besucherzahlen-sozialer-netzwerke-in-deutschland/

3.2.2 Flexibilität

Gerade der Branchenprimus Facebook wirbt mit der Flexibilität im Einsatz auf diversen Plattformen und Geräten. Eine Einschränkung, z.B. dass eine Software nicht auf Android bzw. nur auf iOS läuft, können sich die Anbieter der sozialen Netzwerke nicht leisten. Da die Teilnahme in den meisten Netzwerken kostenlos ist, finanzieren sich die Anbieter durch integrierte Werbung oder neuerdings durch kostenlose Spiele innerhalb des Netzwerks. Die hierbei generierten Daten werden an Unternehmen weiterverkauft und sichern so die Einkünfte der Betreiber. Die maßgebliche Zahl für die Berechnung der zu generierenden Werbeeinnahmen, sind die registrierten Mitglieder des Netzwerkes. Je mehr, desto höher die Einnahmen. Der flexible Einsatz auf verschiedenen Endgeräten und die Interaktionsmöglichkeit mit den sozialen Netzwerken sind damit für die Betreiber mehr als nur erforderlich.

3.2.3 Effektivität

Die Bewertung der Effektivität von sozialen Netzwerken gestaltet sich recht schwierig, da eine klare Zielsetzung von Seiten der Nutzer nur schwer möglich ist. Im Prinzip geht es bei der Interaktion mittels sozialer Netzwerke darum, Informationen von sich selbst zu verteilen und von Teilnehmern des Netzwerkes bzw. „Freuden" zu erhalten. Das Augenmerk liegt hierbei auf der Interaktion und Kommunikation mit anderen Nutzern. Das ist relativ einfach und problemlos möglich, und birgt somit eine hohe Effektivität. Für den Betreiber bzw. Drittunternehmen bieten soziale Netzwerke aufgrund der bereits angesprochenen Sammlung von Daten ein hohes Maß an Effektivität.

3.3 Videoplattformen

Die Möglichkeit zur Interaktion beschränkt sich schon lange nicht mehr nur auf simpel eingegebenen Text wie z.B. bei einer E-Mail oder SMS. Der Nutzer ist grundsätzlich anspruchsvoller und möchte Eindrücke, Situationen und Emotionen besser kommunizieren können. Hinzu kommt, dass der Mensch schon seit jeher Bilder besser verarbeiten kann als Worte. Warum also nicht einfach die zu vermittelnde Information in ein Video verpacken, über eine Plattform hochladen und verbreiten?

Der Gigant unter den Videoplattformen, die Firma YouTube, bietet zudem die Möglichkeit, dass sich auch Unternehmen über bewegte Bilder mitteilen können. Durch einen unternehmenseigenen Kanal können Produkte beworben und die Abonnenten des Kanals entsprechend auf dem Laufenden gehalten werden.[10]

Die Palette der bereits vorhandenen Videos reicht von Tipps zur erfolgreichen Gartengestaltung über Lernvideos diverser Themenbereiche, bis hin zur Anleitung wie man selbst seinen Drucker reparieren kann. Oftmals platzieren letzteres die Hersteller selbst, um so die Kosten für eine Hotline bzw. den First-Level-Support zu reduzieren.

Die meisten Probleme können die Nutzer oftmals selbst lösen und haben auch noch Spaß dabei. Der Hauptvorteil von Videoplattformen ist die Handhabung und die Effektivität der zu transportierten Botschaft. So kann man sich problemlos zu fast allen Themen Informationen in einer ansprechenden Form beschaffen, diese kommentieren, und selbst Informationen bereitstellen. Zur direkten Kommunikation eignen sich solche Plattformen allerdings nicht.

3.3.1 Sicherheit

Auch bei den Videoplattformen ist der Datenschutz ein wichtiges Thema, allerdings sollte sich jeder der ein Video ins Netz stellt auch darüber im Klaren sein, dass es andere sehen können. So handelt jeder offensichtlich eigenverantwortlich und wird nicht heimlich ausgespäht. Anders sieht es bei der Nutzung der Informationen und Inhalte Dritter aus. So darf ich beispielsweise nicht einfach die Musik eines anderen Beitrags für meinen eigenen nutzen bzw. einen aktuellen Chart-Hit dazu verwenden, mein Baumschnittvideo aufzuwerten. Der Schutz der eigenen Beiträge muss gewährleistet sein, allerdings ist dies aufgrund der Masse an Daten kaum möglich und schwierig zu überwachen. Man geht aktuell davon aus, dass jede Minute 100 Stunden an neuen Videos allein bei YouTube hochgeladen werden.[11]

Rechteverwalter wie z.B. die Gesellschaft für musikalische Aufführungs- und mechanische Vervielfältigungsrechte (GEMA) beschäftigen eine Vielzahl von Mitarbeiter nur zur Überwachung von Videoplattformen und zur Sicherung der Rechte von Künstlern und zur Sicherung der Urheberrechte dieser.

---

[10] Vgl. Pein, Social Media Manager, S. 393 ff
[11] Vgl. Pein, Social Media Manger, S. 391

3.3.2 Flexibilität

Wie bei den bereits vorgestellten Interaktionsmöglichkeiten ist auch bei den Videoplattformen kaum mit Einschränkungen durch Browser, Betriebssystemen oder Endgeräten zu rechnen. Im Gegenteil, die neueste Generation von mobilen Endgeräten hat bereits eine integrierte Schnittstelle und lädt die mit dem Smartphone gedrehten Filme direkt auf die Videoplattform hoch. Dasselbe gilt übrigens auch für die Videoschnittstellen der sozialen Netzwerke. Da sich die Zielgruppe und der Inhalt der einzelnen Videos quasi auf keinen Teilnehmerkreis beschränken, kann ich das Medium als Nutzer somit sehr flexibel einsetzen. Die Verbreitung von Informationen, Helpdesk oder Produktplatzierung und -information sind nur ein paar dieser Möglichkeiten.

3.3.3 Effektivität

Die Effektivität der Videos bzw. der darin enthaltenen Botschaft ist mit keinem der anderen Interaktionsmöglichkeiten vergleichbar. Während bei ausgetauschtem Text via E-Mail oder Chat im sozialen Netzwerk immer Raum für verschiedene Interpretationen bleibt bzw. der Schreibaufwand bei einer Hilfestellung zur Primzahlenzerlegung unverhältnismäßig groß ist, können diese Probleme in einem Video recht einfach und ohne größeren Aufwand dargestellt werden. Möchte man jedoch in direkten Kontakt mit seinem Gegenüber treten, ist die Lösung wie bereits erwähnt, nicht sehr elegant. Reaktionen erfolgen, wenn überhaupt, nur stark zeitversetzt. Eine klassische Kommunikation ist hierbei nicht möglich.

4. Fazit

Die hier vorgestellten Interaktionsmöglichkeiten bilden nur eine kleine Auswahl derer ab, welche durch den Einsatz von Internettechnologien möglich sind. Dabei ist es für die Auswahl erheblich, wie ich mit einem anderen Nutzer oder einem Unternehmen interagieren bzw. kommunizieren möchte. Ist die Reaktionszeit und die Sicherheit der Kommunikation wichtig, bietet sich die Nutzung eines E-Mail Dienstes an. Dies ist auch heute immer noch der meist genutzte Weg des Informationsaustausches.

Steht die Partizipation von Informationen bzw. die kommerzielle Datenbeschaffung für Unternehmen im Vordergrund bieten sich soziale Netzwerke als Interaktionsplattform an. Sie bilden auch die schnellste Möglichkeit zur gezielten

Informationsverbreitung z.B. in einem Freundeskreis oder einer Gruppe von Studierenden. Terminabsprachen und der Austausch von Gedanken zu bestimmten Themen sind hier die Regel.

Möchte ich als Unternehmen mein Produkt einem möglichst großen und relativ unbestimmten Teilnehmerkreis präsentieren, ist die Nutzung einer Videoplattform die erste Wahl. Eine direkte Kommunikation zweier Parteien ist hier zwar nur sehr eingeschränkt möglich, allerdings kann ich dafür über ein Video auch komplexere Themen darstellen und ggf. Anleitungen zur richtigen Nutzung meiner Produkte geben. Dabei ist es sehr von Vorteil, dass es für den Nutzer deutlich attraktiver ist ein Video anzuschauen als einen Text zu lesen.

Die absolut richtige Interaktionsmöglichkeit gibt es nicht, es ist vielmehr so, dass verschiedene Plattformen unterschiedliche Kernkompetenzen besitzen. Als Nutzer oder auch Unternehmen wählt man die für sich selbst passendste aus bzw. ist gleichzeitig auf mehreren vertreten. Letzteres ist heute der Standard, denn gerade als Unternehmen sollte man auf möglichst allen Plattformen vertreten sein, um ein hohes Maß an Präsenz zu zeigen bzw. möglichst viele Nutzer anzusprechen.

Literaturverzeichnis

Hans Robert Hansen, Gustaf Neumann
WIRTSCHAFTSINFORMATIK 1 GRUNDLAGEN UND ANWENDUNGEN, 10.
Auflage, Stuttgart: Lucius & Lucius Verlag

Kenneth C. Laudon, Jane P. Laudon, Detlef Schoder
WIRTSCHAFTSINFORMATIK – EINE EINFÜHRUNG, 2. Auflage,
München: Pearson Education GmbH

Helmut Balzert
LEHRBUCH DER SOFTWARETECHNIK – SOFTWARE ENTWICKLUNG, Hei-
delberg: Spektrum Akademischer Verlag

Heribert Meffert, Christoph Burmann, Manfred Kirchgeorg
MARKETING, 12. Auflage,
Wiesbaden: Springer/Gabler Verlag

Vivian Pein
DER SOCIAL MEDIA MANAGER,
Bonn: Galileo Press

Sonstige Quellen
STATISTA.DE
http://de.statista.com/statistik/daten/studie/247523/umfrage/e-mail-accounts-
und-e-mail-nutzer-weltweit/

http://de.statista.com/statistik/daten/studie/170467/umfrage/besucherzahlen-
sozialer-netzwerke-in-deutschland/

Abbildungsverzeichnis